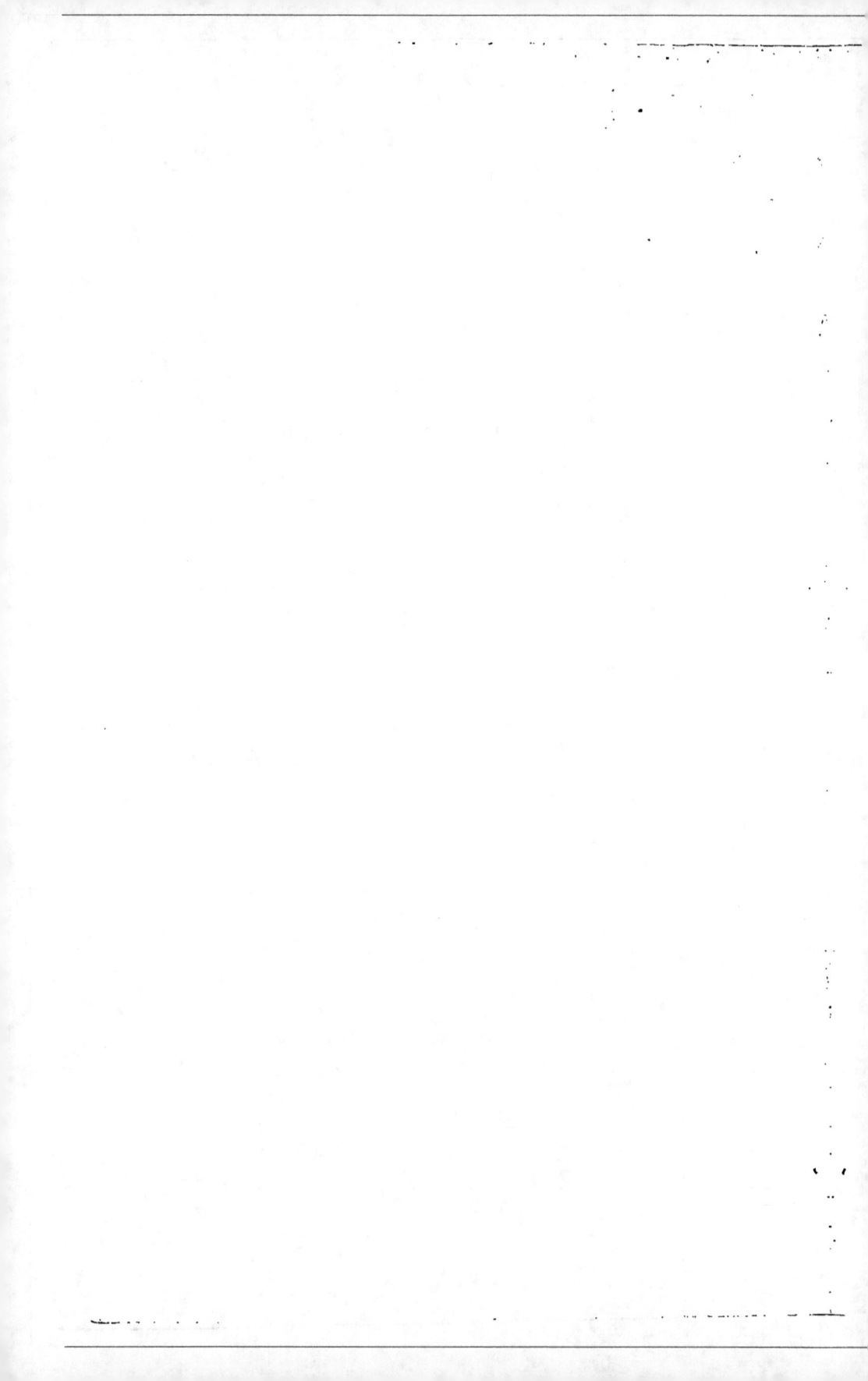

HENRI GENEVOIS

LA

DÉFENSE NATIONALE

JUGÉE PAR

L'ALLEMAGNE

Prix : 75 centimes

PARIS

LIBRAIRIE H. LE SOUDIER

174, BOULEVARD SAINT-GERMAIN, 174

1897

LA DÉFENSE NATIONALE

DU MÊME AUTEUR

Droit. — Économie politique.

Histoire.

ÉMILE COLIN — IMPRIMERIE DE LAGNY

HENRI GENEVOIS

LA DÉFENSE

NATIONALE

JUGÉE PAR L'ALLEMAGNE

PARIS

LIBRAIRIE H. LE SOUDIER

174, BOULEVARD SAINT-GERMAIN, 174

1897

AVERTISSEMENT DE L'ÉDITEUR

La Défense nationale jugée par l'Allemagne a été écrite par M. Henri Genevois comme préface à ses ouvrages sur les Campagnes de l'Est.

Il nous a paru que ces pages, — remplies de leçons patriotiques et de révélations réconfortantes, — méritaient d'être publiées à part en un petit volume et d'être ainsi mises à la portée de tous les Français soucieux de savoir comment s'est comportée la France aux heures les plus périlleuses de son Histoire.

1

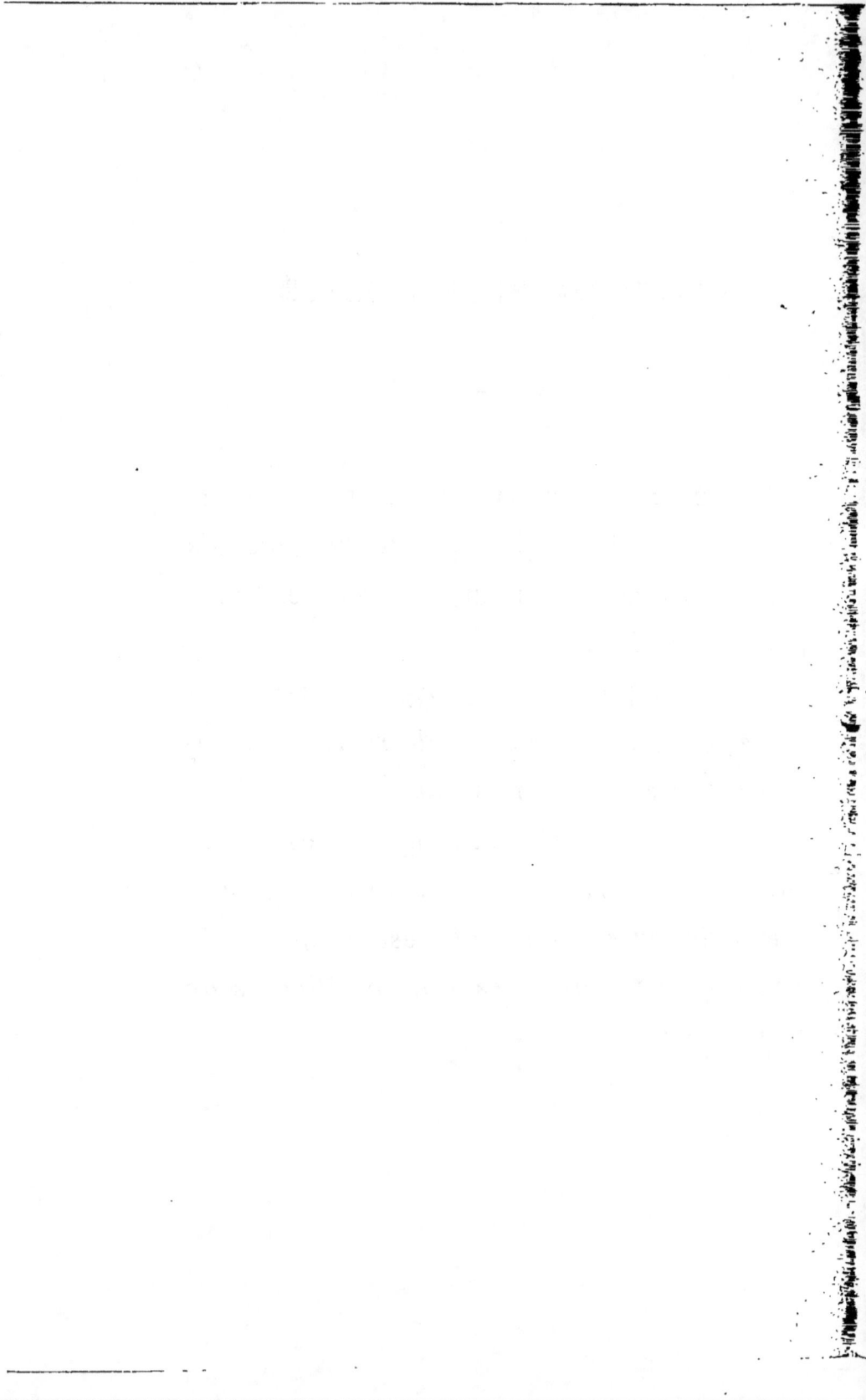

LA DÉFENSE NATIONALE

JUGÉE PAR L'ALLEMAGNE

I

Pour les générations qui grandissaient vers la
fin de l'Empire, la guerre a été la plus inattendue
des catastrophes, la plus troublante des com-
motions.

Pour elles, l'Histoire de cette guerre ne se
présente pas seulement avec l'attrait d'un récit
militaire; pas seulement avec la curiosité de la
vérité historique à élucider. Elle recèle un mystère bien plus poignant : elle a mis en nous ce
sentiment d'angoisse qui tourmente l'homme
frappé d'une maladie subite ; il doute de sa vitalité, s'interroge anxieusement et se demande si

la source de la vie est définitivement tarie en lui.

Notre défaite est-elle le résultat de circonstances extérieures, de fautes et d'erreurs contingentes et réparables?

Ou bien doit-on en chercher l'explication dans une déchéance organique irrémédiable? Sommes-nous arrivés à un point de rebroussement? Est-ce le commencement d'une ère de régression résultant de l'usure définitive de notre race?

Posé ainsi, le problème devient passionnant et redoutable.

Suivant que notre défaite aura résulté de fautes accidentelles, politiques et militaires, — ou bien qu'elle aura été la conséquence fatale d'une tare de la race française, quelle diversité dans les conséquences!

L'une des hypothèses laisse intact et vivant le sentiment de notre vitalité; elle nous anime d'un espoir indomptable et agissant dans les destinées de la nation française. L'autre hypothèse, ce serait la triste constatation d'une incurable dégénérescence : le découragement mortel et définitif.

Le problème, on le voit, n'est pas seulement politique ou militaire : c'est là le moindre côté de la question. C'est un aspect secondaire, la

France ayant à travers les siècles subi assez de défaites suivies d'autant de revanches pour qu'un accident de plus ne puisse entraver ses destinées.

Le problème est surtout attirant et prenant lorsqu'on l'examine sous son aspect social et ethnologique.

Et quelle joie n'est ce pas d'acquérir la conviction inébranlable que nos qualités nationales ont été simplement éclipsées pour un temps, — par les fautes des classes dirigeantes et par l'abdication du pays entre les mains d'un régime néfaste, — mais que la lutte nationale contre l'étranger révèle au contraire, dans notre race, des ressources intarissables d'endurance, d'entrain, d'énergie, de fluide vital.

1.

II

C'est en Allemagne que nous puiserons les témoignages — graves, précis et concordants —
qui attestent la portée historique de la Défense
nationale.

Le premier des témoins, celui dont la déposi-
tion est capitale dans cette cause, c'est M. de
Moltke. Celui-là, c'est un ennemi sans courtoisie
ni générosité : à peine peut-on en attendre la
stricte justice. Cela suffit. Sa correspondance
devrait être dans toutes les écoles pour apprendre
à nos enfants à être fiers de leur France.

Au lendemain de Sedan, il est tout optimisme.
Le 21 septembre, il écrit à son frère Adolphe :
« Je nourris le secret espoir de tuer des lièvres à
Creisau vers la fin d'octobre. »

Or, dès ce mois d'octobre, l'étonnement et la déception commencent à se manifester dans toutes ses lettres ; et le vote de la paix par l'Assemblée de Bordeaux ne suffira même pas à le rassurer tout à fait.

Le 12 octobre, il écrit : « Ce malheureux pays comprendra-t-il enfin qu'il est vaincu et que sa situation s'aggrave tous les jours?... Le 9, une nouvelle grande sortie a été repoussée sous Metz ; tu le sauras sans doute avant que ces lignes te parviennent. Les choses ne peuvent guère aller bien loin désormais, là-bas. C'est une rude épreuve pour la patience de ceux qui investissent, et encore plus pour ceux qui sont investis. *Il faut reconnaître la force d'endurance et l'obstination de ces Français. C'est qu'ils ne peuvent pas admettre qu'ils soient vaincus.* »

Quelques jours plus tard, le 27 octobre, après la chute de Metz : « Voilà encore 150,000 Français à emmener en captivité et la puissante place de Metz en notre pouvoir. Depuis la captivité de Babylone le monde n'a rien vu de pareil. Il nous faut une armée pour surveiller nos trois cent mille prisonniers. *La France n'a plus de soldats. Et, malgré tout, il faut attendre encore pour voir si ces Parisiens enfiévrés renonceront à cette résistance sans issue...* »

Le 23 novembre, M. de Moltke se fâche sérieusement, et son indignation contre les hommes qui ont l'outrecuidance de ne pas désespérer de la Patrie est vraiment curieuse : « Toute l'armée française est prisonnière en Allemagne et il y a aujourd'hui plus de belligérants en armes contre nous qu'au début de la campagne! La Belgique, l'Amérique et l'Angleterre livrent des armes sans relâche. *S'il arrivait aujourd'hui un million de fusils, nous aurions en quelques jours devant nous un million de Français de plus!...* Le terrorisme des avocats appelle sous les drapeaux tout ce qui a moins de quarante-six ans. *Famille, foyer, pays natal, il faut tout quitter...* Cette manière d'entendre la guerre est particulièrement *cruelle pour le pays qui mettra bien du temps à se relever. Peu importe à des hommes qui veulent avant tout détenir un pouvoir sur la légalité duquel ils n'osent point consulter la nation!...* »

Le 3 février, la capitulation de Paris n'a pas apaisé toutes ses alarmes :

« Tu auras appris par les journaux la nouvelle d'un armistice de trois semaines. Nous occupons tous les forts. Paris n'est plus qu'une vaste prison où nous tenons en surveillance l'armée capturée. Pas un Français armé ne peut en sortir et pas un de nous n'y peut entrer.

» En attendant, nous tenons toutes les défenses de la place et si l'armistice n'aboutit pas à la paix, il est en notre pouvoir de changer en un mon-ceau de décombres la plus orgueilleuse cité de l'univers et de mettre fin aux arrivages de vivres que nous avons consentis.

» *Toutes les armées françaises étant battues et un tiers du territoire occupé par nous, on pourrait peut-être attendre de ces gens quelque docilité à subir l'inévitable et à ne pas s'obstiner sans espoir.* Mais les Français sont à ce point esclaves de la phrase, qu'il ne faut compter sur rien. *Une dou-zaine d'orateurs passionnés pourront « entraîner toute l'Assemblée nationale »* (1) *aux résolutions les plus extrêmes.* Déjà, un manifeste de Gambetta réédite son vieux refrain contre les barba-res et prêche la guerre à outrance. Si les autres membres de ce gouvernement vagabond s'unissent à lui, nous aurons deux pouvoirs devant nous et bientôt vingt, c'est-à dire aucun. Le pays est menacé d'anarchie. *Aussi devons-nous nous tenir prêts à reprendre la guerre et,*

(1) En français dans le texte.

dans ce cas, nos hommes qui sont exaspérés déjà deviendront terribles... »

Nous sommes au 4 mars 1871. Le sacrifice est consommé; les préliminaires de paix ont été ratifiés par l'Assemblée de Bordeaux; M. de Moltke va quitter Versailles et il écrit une dernière lettre à son frère. En dépit de tout, il ne peut s'empêcher de conserver et d'exprimer encore quelque inquiétude : « Certes, dit-il, je ne saurais assez remercier Dieu d'avoir vécu pour voir la fin de cette guerre historique; mais je n'oserai me réjouir du fond du cœur du succès que lorsque tout sera absolument terminé. *Combien de fois, au cours de cette campagne, a-t-on pu croire que le dernier mot était dit!* Nous avons eu Sedan. Nous avons eu Metz. Soudain, un facteur nouveau faisait surgir une situation telle *que tout était à recommencer.* »

Cette stupéfaction, cette colère, cette inquiétude de M. de Moltke ne sont-elles pas le plus précieux témoignage pour notre génie national? Notre force et surtout notre volonté de résistance dépassent la compréhension de l'adversaire.

C'est à chaque page que, dans l'*Historique du grand état-major prussien,* si froid et si compassé, sa surprise se manifeste malgré lui :

« A la fin du mois d'octobre, la situation générale de la campagne pouvait donc se résumer ainsi, sur le théâtre occidental des opérations.

» Après que l'ennemi eut réussi, *avec une étonnante promptitude*, à mettre de nouvelles troupes en campagne sur la Loire et dans les provinces du nord-ouest, les divisions de cavalerie allemande ne suffisaient plus à couvrir efficacement, avec leurs propres ressources, les derrières de l'armée d'investissement de Paris (1). »

Quelques pages plus loin :

« Toutes les espérances que la France fondait sur une prolongation de la résistance de Metz étaient ruinées d'un seul coup. Tandis que nos soldats se trouvaient captifs en Allemagne, l'état-major allemand allait être en mesure d'opposer deux nouvelles armées aux masses que les Français étaient parvenus à constituer et à armer *avec une surprenante promptitude* (2). »

Et encore :

« Grâce à une volonté de fer servie par cette

(1) 2ᵉ partie, p. 253.
(2) 2ᵉ partie, p. 260.

omnipotence presque sans limites qu'il conservait jusqu'à la fin de la guerre, l'*infatigable ministre* parvenait à mettre en campagne contre les Allemands une masse de 600,000 hommes avec 1,400 bouches à feu (1). »

Il est amusant de voir les déceptions successives de nos ennemis formulées par un journaliste officiel, attaché à la personne de Bismarck et chargé de mettre en prose journalistique les élucubrations du chancelier : Moritz Brusch a écrit ses impressions jour par jour, avec une ingénuité qui ne sait dissimuler aucune énormité. Son inconscience est une garantie de sincérité.

Au commencement de septembre, le chancelier voit déjà le retour prochain. Écoutons Moritz Busch :

« Il (Bismarck) nous lut ensuite un passage d'une lettre de sa femme qui, *avec des expressions bibliques*, exprimait son espoir le plus vif de la ruine de la France. Le ministre nous dit d'un air pensif :

» — Hum ! 1866 en sept jours !... Cette fois, peut-être en sept fois sept jours ! Oui... Quel

(1) 2ᵉ partie, p. 384.

jour avons-nous donc passé la frontière ? Était-
ce le 4? Non, c'était le 10 août... Cinq semaines
ne se sont pas encore écoulées depuis... Sept
fois sept, ce ne serait pas impossible ! (1) »

En novembre, les illusions persistent :

« Vers la mi-novembre, j'écrivis à ma famille : — Il est toujours possible que nous re-
venions avant Noël. Bien des gens regardent cela
comme vraisemblable, d'après certains propos
que le roi aurait tenus ces jours derniers. »

Quelques jours après :

« Le soir, au thé, on raconta que Borck était
ravi de savoir que nous serions chez nous avant
Noël; qu'il avait dit au roi qu'il était temps de
penser aux cadeaux pour la reine.

» — Vraiment, — avait répondu Sa Majesté,
— combien y a-t-il donc encore d'ici à Noël ?

» — Cinq semaines, sire.

» — Eh bien, d'ici là, nous serons de retour. »

Dans la préface de son remarquable livre : *la
Guerre sur les communications allemandes*, M. le

---

(1) *Le comte de Bismarck et sa suite pendant la guerre de
France 1870-1871*, par D. Moritz Busch, secrétaire particu-
lier de M. de Bismarck, page 91.

capitaine Dumas raconte que de jeunes officiers
allemands parlaient légèrement des armées de
province :

« Le vieux maréchal de Moltke était là, silen-
cieux, le dos appuyé à la cheminée et regardant
le tapis. Tout à coup, hochant la tête, il dit dou-
cement dans le grand silence qui se faisait toujours lorsqu'il prenait la parole : « Oui, mes-
» sieurs, tout ce que vous voudrez ! Mais sou-
» venez-vous qu'après Sedan et après Metz, nous
» croyions la guerre finie et la France abattue,
» et que pendant cinq mois, ces armées impro-
» visées ont tenu les nôtres en échec. Nous
» avons mis cinq mois à battre des conscrits et
» des mobiles. C'étaient des foules plutôt que
» des régiments, j'en conviens avec vous ; mais
» ces cohues nous tenaient tête. Vous pouvez
» oublier ces choses, vous qui n'avez eu que le
» contentement de la victoire ; mais je ne l'ou-
» blie pas, je vous l'avoue, et je n'en souris pas,
» car j'ai eu le tracas et le grand souci de cette
» résistance inattendue.
    » Enfin, messieurs, conclut textuellement le
» maréchal, cette lutte nous a tellement étonné
» au point de vue militaire qu'il nous faudra

» étudier cette question durant de longues
» années de paix. »

Colmar von der Goltz, qui est à la fois
un militaire de haute valeur et un penseur
de grande envergure, reconnaît sans fausse
honte que l'Allemagne n'aurait pas été ca-
pable d'organiser une résistance pareille à la
nôtre.

Certaines pages de son livre, d'une virile fran-
chise et d'une philosophique impartialité, de-
vraient être connues de tous :

« Si jamais, — ce qu'à Dieu ne plaise, — notre
patrie devait subir une défaite pareille à celle
que la France a essuyée à Sedan, je désirerais
vivement qu'il vînt un homme qui sût, comme
Gambetta l'a voulu pour son pays, l'embraser
de l'esprit de la résistance poussée jusqu'à ses
dernières limites. Puissions-nous avoir en par-
tage le principe qu'avaient les Romains, de ne
jamais conclure la paix à moins qu'elle ne fût
heureuse ! Pour le moment, ce qui nous importe
le plus de constater pour notre gouverne, c'est
que le dictateur nous a ouvert les yeux sur des
choses que l'on ne voyait pas encore au début
de la campagne de la Loire. Nous avons dit,

dans l'introduction de ce livre, qu'il nous avait fait connaître l'existence de forces que nous ne soupçonnions pas avant la guerre Si l'on a suivi le récit des combats que nous avons racontés, on sera obligé d'en convenir...

» ... Rappelons seulement quelques-uns de ces articles de foi émis pendant les six dernières années et que personne n'avait osé mettre en doute. L'un disait : « Pour les Français, l'issue » de la première bataille est décisive; s'ils la » perdent, la guerre est finie. » On aurait tout supposé à ce peuple plutôt que la ténacité et la persévérance dans une lutte malheureuse. Un autre disait que Paris devait capituler, si on lui coupait pendant huit jours seulement l'arrivage du lait frais du matin ! (1)

. . . .

» Eh bien ! nous n'avons ni les qualités ni les moyens que possèdent les Français pour improviser des armées. Nous serions encore bien moins en état de réparer, comme ils l'ont fait, une première défaite en opérant rapidement une levée en masse. »

(1) *Gambetta et ses armées*, par Colmar von der Goltz, p. 358 et suiv.

Le général von Colomb, commandant la 3ᵉ brigade de cavalerie, partant vers Orléans, constate dans ses *Souvenirs* sur la guerre, qu'au commencement d'octobre l'état-major allemand ne croyait pas à l'armée de la Loire : « Dans l'armée on entendait souvent dire que les nouvelles formations ne pouvaient être viables. »

Ces pronostics étaient si bien démentis que e 1ᵉʳ décembre, le même général écrivait à sa femme : « Dans toutes les campagnes, il y a des moments dans lesquels l'issue de la guerre *est en suspens sur une pointe d'aiguille* : IL EN EST AINSI MAINTENANT. Mais la balance semble pencher de notre côté. »

Ces témoignages si réconfortants seront une révélation pour beaucoup. Il est pénible de constater l'indifférence de tant de Français, et des plus éclairés, pour cette histoire d'hier qui nous aide à déchiffrer le mystère de demain. Ils s'en tiennent à des données superficielles et à des contes fantaisistes. Combien connaissent par exemple cette dépêche de Werder, demandant de lever le siège de Belfort, en des termes peu rassurés :

2.

« *Au général comte de Moltke*, Versailles.

» Brévilliers, 14 janvier 1871, soir.

» ... Je prie instamment d'examiner s'il y a lieu
» de continuer à tenir devant Belfort. Je crois
» pouvoir protéger l'Alsace, *mais non en même*
» *temps Belfort, à moins de risquer l'existence*
» *même du Corps...* »

Donc, le 14 janvier, après six mois de guerre,
un général prussien de la trempe de Werder se
croit à la veille d'être anéanti : qu'on juge ce
qu'il avait fallu demander, ce qu'il avait fallu
obtenir du patriotisme de la nation!

Il nous semble que la preuve est faite et qu'il
est superflu de faire parler d'autres témoins.

III

L'étonnement des Allemands est bien naturel. Quelle nation européenne en cette seconde moitié du siècle a mis un tel acharnement à défendre son intégrité? Un parallèle rapide entre la campagne d'Autriche en 1866 et la campagne de France en 1870 donnera à notre résistance sa vraie mesure.

Le 16 juin 1866, les Prussiens envahissent la Saxe. L'Autriche, qui a 3 corps sur 10 en face des Italiens, subit dès le début quelques échecs partiels à Podol, Nachod, Salitz. Le 3 juillet, les Prussiens remportent la grande victoire de Sadowa qui coûte 44,000 hommes (dont 20,000 prisonniers), et 161 canons à l'armée de Bénédeck. Sanglante défaite pour l'Autriche, — mais non irréparable — bien moins cruelle, bien moins décisive qu'un Sedan ou un Metz. Désastre que compense d'ailleurs en partie la belle victoire remportée, le 26 juin, par l'archiduc Albert à Custozza.

Bénédeck avait rallié son armée fortement atteinte, mais non dissoute. L'archiduc Albert avait concentré devant Vienne, au camp de Florisdorf, 100,000 hommes, dont 50,000 venaient de vaincre à Custozza.

C'est dans cette situation non désespérée, presque égale, que l'Autriche signe le 22 juillet l'armistice qui doit aboutir, le 26, aux préliminaires de Nikolsbourg.

Vienne avait fort peu ressenti l'humiliation et à peine modifié sa physionomie.

La guerre avait duré officiellement 36 jours ; virtuellement, elle était terminée le 3 juillet, *après 18 jours.*

A ce duel au premier sang, à cette prompte résignation, l'intraitable résistance de la France forme une superbe opposition.

Le 6 août, deux défaites simultanées à Freischwiller et à Forbach effleurent à peine la confiance dans le succès.

Le 18 août, Bazaine est refoulé sous Metz; le 1er septembre la moitié de nos forces militaires sont capturées à Sedan. — Personne ne parle de paix !

Le 19 septembre, Paris est bloqué avec le reliquat de nos troupes organisées. — Personne ne songe à céder !

Le 27 octobre, Bazaine rend à l'ennemi sa magnifique armée, la suprême réserve. — Qui donc ose demander qu'on dépose les armes ?

Qui donc l'oserait quand Gambetta conjure les défaillances par cette adjuration sublime ?

« Français,

» Élevez vos âmes et vos résolutions à la hauteur des effroyables périls qui fondent sur la patrie.

» Il dépend encore de nous de lasser la mauvaise fortune et de montrer à l'univers ce qu'est un grand peuple qui ne veut pas périr, et dont le courage s'exalte au sein même des catastrophes.

» Metz a capitulé.

» Un général sur qui la France comptait, même après le Mexique, vient d'enlever à la patrie en danger plus de deux cent mille de ses défenseurs.

» Le maréchal Bazaine a trahi !

» Il s'est fait l'agent de l'homme de Sedan, le complice de l'envahisseur ; et, au mépris de l'honneur de l'armée dont il avait la garde, il a livré, sans même essayer un suprême effort, cent vingt mille combattants, vingt mille blessés, ses fusils, ses canons, ses drapeaux, et la plus forte citadelle de la France, Metz, vierge jusqu'à lui des souillures de l'étranger.

» Un tel crime est au-dessus même des châtiments de la justice.

» Et maintenant, Français, mesurez la profondeur de l'abîme où vous a précipités l'Empire ! Vingt ans, la France a subi ce pouvoir corrupteur, qui tarissait en elle toutes les ressources de la grandeur et de la vie.

» L'armée de la France, dépouillée de son caractère national, devenue sans le savoir un instrument de règne et de servitude, est engloutie, malgré l'héroïsme des soldats, par la trahison des chefs, dans les désastres de la patrie. En moins de deux mois, deux cent vingt-cinq mille hommes ont été livrés à l'ennemi ; sinistre épilogue du coup de main militaire de Décembre !

» Il est temps de nous ressaisir, citoyens, et, sous l'égide de la République que nous sommes décidés à ne laisser capituler ni au dedans ni au

dehors, de puiser dans l'étendue même de nos
malheurs le rajeunissement de notre moralité et
de notre virilité politique et sociale. Oui, quelle
que soit l'étendue du désastre, il ne nous trouve
ni consternés ni hésitants.

» Nous sommes prêts aux derniers sacrifices,
et, en face d'ennemis que tout favorise, nous ju-
rons de ne jamais nous rendre. Tant qu'il res-
tera un pouce du sol sacré sous nos semelles,
nous tiendrons ferme le glorieux drapeau de la
Révolution française.

» Notre cause est celle de la justice et du droit :
l'Europe le voit, l'Europe le sent; devant tant de
malheurs immérités, spontanément, sans avoir
reçu de nous ni invitation ni adhésion, elle s'est
émue, elle s'agite. Pas d'illusions ! ne nous lais-
sons ni alanguir ni énerver, et prouvons par des
actes que nous voulons, que nous pouvons tenir
de nous-mêmes l'honneur, l'indépendance, l'intégrité, tout ce qui fait la patrie libre et fière.

» Vive la France ! Vive la République une et
indivisible ! »

On peut feuilleter l'histoire des siècles : on n'y
trouvera rien de plus beau.

Après un quart de siècle, nous défions ceux

que ce cri superbe a secoués d'un frisson, de relire cette page sans revivre ces heures tragiques.

Telle fut la magie de cette parole que le coup qui devait assommer la France devient le signal d'une exaspération patriotique. En déchaînant les colères contre le traître, Gambetta détourne les âmes de la catastrophe elle-même, les emporte dans sa propre fureur et les soustrait à l'abattement.

Peut-on sonder l'immense déception, la prostration mortelle qu'eût provoquée la nouvelle de la capitulation de Bazaine — Bazaine le héros, le sauveur, l'espoir suprême ! — si la douleur du désastre n'eût pas été transformée en une explosion de haine et de révolte par ces impérieux accents qui ordonnaient la foi, par cette fulgurante éloquence qui marquait le traître au fer rouge ?... Grâce à la géniale inspiration de Gambetta, la capitulation de Metz, qui semblait devoir être le désastre définitif et la clôture immédiate du drame, devint une source d'indignations exaspérées et d'énergies nouvelles.

Metz capitule à la fin d'octobre... et novembre est, de toute la Défense nationale, le mois marqué par le maximum d'entrain et par les plus ardentes espérances... Miracle d'un homme et miracle d'une nation.

Le 4 décembre, d'Aurelle fait battre à Orléans l'armée de la Loire, si péniblement formée. Deux jours après, Chanzy est debout dans les plaines de Josnes et fait crânement tête au Prince Rouge. Cet admirable Chanzy, battu le 12 janvier au Mans par la fatalité d'un incident tardif, se sent-il ébranlé dans sa volonté de vaincre? « Si, écrit-il à Gambetta, le suprême bonheur de sauver Paris nous échappe, je n'ai pas oublié qu'après lui, il y a encore la France, dont il faut sauver l'existence et l'honneur. »

Cette fière parole nous mène au 1er février : — 3 mois après la trahison de Bazaine ; — 5 mois après la catastrophe de Sedan ; — 6 mois après Forbach et Freischwiller !

Comparons les 6 mois de la France aux 18 jours de l'Autriche... C'est la mesure de notre vitalité.

Nous avons voulu choisir notre comparaison dans l'histoire d'hier. S'il nous avait plu de remonter un peu plus haut, nous avions l'exemple de la débandade de la Prusse au lendemain d'Iéna et d'Aüerstaedt.

Ce fut un évanouissement.

Les Prussiens n'ont vu surgir ni de Gambetta

3

ni de Chanzy et ils ont justifié par avance le mot de leur grand écrivain militaire Colmar von der Goltz : « Il n'y a pas de Gambetta même plus grand que celui de 1870 qui eût pu engager l'Allemagne à poursuivre avec autant d'unité une résistance presque désespérée. »

IV

C'est une erreur absolue de croire que les Allemands étaient plus sûrs de leur triomphe vers décembre ou vers janvier. Leur maximum d'arrogance et d'infatuation, de certitude dans le succès final, se place au lendemain de Sedan. Les témoignages qu'on a lus l'attestent sans réplique possible.

Cette constatation répond à une objection assez fréquente.

N'aurait-il pas mieux valu céder après Sedan? N'eût-on pas gardé l'Alsace et la Lorraine?

De cette interrogation, les détracteurs de la Révolution du 4 Septembre ont fait hardiment une affirmation. Nous avons lu, dans des diatribes furibondes — il y a quelque dix ans, car aujourd'hui que le recul des événements apporte

déjà sinon l'impartialité, du moins de la mesure
dans la partialité, ces choses ne pourraient plus
s'imprimer — nous avons souvenir d'avoir lu :
« Le 4 Septembre est un attentat et la continua-
tion de la guerre un crime. En traitant de suite,
on eût évité toute perte territoriale et subi simplement la rançon pécuniaire. »

Pour réfuter ces pauvretés, point ne serait
besoin de preuves directes. A défaut de témoignages précis, la plus légère notion des aspira-
tions de la jeune Allemagne suffirait à détruire
de tels contresens. Le « Rhin allemand » n'était-
il pas le catéchisme des Prussiens depuis plu-
sieurs générations, n'était-il pas le but réel de
la guerre? Et dans les récentes manifestations,
tous les militaires, tous les écrivains, tous les
professeurs allemands s'étonnant de la persis-
tance des revendications françaises, expliquent
tranquillement qu'ils n'ont rien conquis en 1870 :
ils ont simplement *reconquis*.

Au surplus, chaque fois que le roi, le chancelier ou Moltke ont eu à se prononcer, il n'y a
jamais eu sur le prix de la paix l'ombre d'un
doute ou d'une ambiguïté.

L'excellent Moritz Busch, photographe cons-
ciencieux dont les clichés sans retouche sont

fidèles jusqu'au burlesque et jusqu'à l'odieux, Moritz Busch, disons-nous, privé de discernement, mais supérieurement doté du sens de la plate et minutieuse exactitude, va recueillir à notre intention la pensée du chancelier :

« *Lundi 22 août.* — Il n'y a plus de doute, nous garderons, en cas de victoire définitive, l'Alsace et Metz avec ses environs. »

« *Dimanche, 28 août.* — J'apprends, et j'en fais part aux autres, que l'on est encore fermement résolu à demander à la France l'annexion du territoire et que la paix ne se fera qu'à cette condition. »

Un article destiné aux journaux allemands, approuvé par le chef (Bismarck), paraphrasait ce renseignement de la façon suivante :

« Donner à l'Allemagne du sud une frontière solide doit être notre but, notre tâche ; accomplir cette tâche, c'est délivrer complètement l'Allemagne et *compléter la guerre de libération de 1813 et 1814.*

» *Le moins que nous devions exiger* pour que l'Allemagne entière, pour que tous les peuples au-dessous du Mein, qui sont de notre race et

3.

ont combattu avec nous, puissent se déclarer satisfaits, *est donc qu'on nous livre les portes d'où la France peut faire irruption sur l'Allemagne, c'est-à-dire Strasbourg et Metz.* Vouloir attendre une paix durable du démantèlement de ces forteresses, *serait une illusion de myope*, ce serait s'imaginer qu'il est possible de gagner les Français par la clémence, ce serait aussi oublier que nous demandons l'acquisition des *territoires qui ont été allemands*, et qui, peut-être avec le temps, rapprendront à se sentir allemands.

» Les changements de dynastie nous sont indifférents.

» Une indemnité de guerre ne constitue qu'un affaiblissement passager de la France : *Ce qu'il nous faut*, c'est une plus grande sûreté des frontières allemandes.

» Et nous ne l'atteindrons qu'en transformant les forteresses qui nous menacent en ouvrages de défense. Strasbourg et Metz, de forteresses agressives françaises, doivent devenir forteresses défensives allemandes (1). »

Et ceci, n'est-ce pas du pur Bismarck?

(1) P. 58 et suiv.

« Après dîner, le chef me fit encore appeler trois fois : il me fit entre autres les remarques suivantes :

« Ce sont les forteresses de Metz et de Stras-
» bourg dont nous avons besoin et nous les pren-
» drons ! Prendre seulement l'Alsace, — il visait
» clairement, par là, les articles des journaux
» qui ne cessaient de rappeler que ce pays avait
» été allemand et que l'on y parlait encore la
» langue, — est une idée de professeurs ! (1). »

Qu'avons-nous donc gagné à cette prolongation de la guerre — puisque nous n'y avons rien perdu ? Un écrivain ultra-conservateur, peu suspect de gambettisme, va nous le dire.

M. Jules Richard, en tête de son *Annuaire des Armées de province*, écrit :

« Si nous avions cédé le lendemain de Sedan, nous tombions au dernier rang des nations civilisées. Or, tout vaincus que nous sommes, on n'ose pas nous attaquer. »

(1) Page 93. La lumière se fait chaque jour plus éclatante sur ce point historique. Les lettres inédites de Guillaume Ier à la reine Augusta qui viennent d'être publiées apportent à notre thèse un témoignage décisif. Nous ajoutons au moment de notre tirage un extrait probant : Voir Annexe.

A cinq ou six reprises, depuis vingt-cinq ans, la guerre a été à la merci d'une parole. Qu'est-ce donc qui nous a protégés, si ce n'est le souvenir d'une lutte qui dura cinq mois après Sedan et trois mois après Metz?

Ce peuple qui, déjouant tous les calculs de la science de la guerre, piétinant tous les dogmes des théoriciens militaires, a répondu pendant six mois à chaque défaite par l'improvisation d'une armée nouvelle, ce peuple-là, on ne l'attaque pas à la légère.

Nous ne voulons pas diminuer le mérite de l'intervention du czar en une circonstance critique, mais notre vrai, notre seul palladium depuis 1871, ç'a été le souvenir de Chanzy, de Faidherbe, de Denfert, de Gambetta. La Prusse a pu domestiquer l'Autriche, après une seule bataille ; mais, ayant fait le compte des victoires qu'il a fallu pour réduire la France surprise et désarmée, elle a dû calculer les chances d'une lutte contre la même France debout et en armes.

Les paroles de M. de Moltke, les pages de Goltz ne signifient-elles pas clairement, avec une irrésistible évidence, qu'en sauvant notre honneur, nous avons par surcroît gagné notre sécurité?

V

Nous avons écrit comme conclusion d'une série d'études sur la guerre (1) :

« ... Ce qui se dégage de ces récits, c'est le sentiment que partout où l'on a fait appel à des hommes de cœur, on a trouvé des hommes de cœur; — que nous avons succombé non par l'affaiblissement des qualités de la race, mais par l'impéritie du commandement.

» C'est une constatation qu'il faut faire bien haut : Qu'est-ce qu'une force qui n'a pas conscience d'elle-même ? Qu'est-ce qu'une nation qui aurait perdu toute fierté et abdiqué tout espoir ? Qu'est-ce qu'un peuple qui, ne sachant

(1) *Les Coups de main pendant la guerre.*

pas que son passé même le plus douloureux
l'autorise à lever la tête, s'abandonnerait à l'as-
soupissement mortel de la résignation définitive?

Plus les faits de guerre de 1870 sont ana-
lysés et approfondis, plus se dégage cette conviction réconfortante que la vitalité de notre
race est sortie indemne de cette incroyable
épreuve. En 1893, comparant la conduite de la
France et celle de l'Autriche, nous écrivions :

« Un tel contraste de conduite n'est pas
seulement l'indice d'une différence profonde
dans l'organisme des deux nations; par son
abdication, l'un des deux pays s'est voué à
la dépendance et au démembrement plus ou
moins déguisés, plus ou moins ajournés; —
l'autre a reconquis, en dépit des diminutions
matérielles et provisoires, la plus longue vitalité
qu'un peuple puisse espérer dans les évolu-
tions du monde (1). »

Le salut du czar au monument de Gambetta
consacre cette appréciation.

Les prétendus sages à courte vue peuvent aujourd'hui méditer sur cet incident caractéris-

(1) *Les dernières Cartouches.*

tique. Ce salut s'adressait : à l'homme qui a su
remuer la nation et à la nation qui s'est si spontanément rangée (tout entière) sous la volonté de
cet homme.

L'heure de la justice immanente des choses a
sonné : la France est puissante, bien moins par
ses forces matérielles reconstituées que par son
attitude aux heures désespérées. C'est une loi
inexorable comme la science, impassible comme
la nature, que ceux-là seuls vivent qui con-
quièrent et gardent leur droit à la vie en ne
cédant pas aux forces destructives qui les menacent.

Voici cent ans, à une époque héroïque, le
crime de tiédeur patriotique fut puni de l'écha-
faud : chaque individu se devait, sous peine de
mort, au sauvetage de la race.

En 1870, la France a de nouveau affirmé son
droit à l'existence et démontré sa puissance de
vie. Voilà pourquoi l'on ne craint pas de s'asso-
cier à nos destinées.

L'Europe, mieux que nous, connaît notre
propre histoire : l'alliance russe, c'est le
jugement de l'étranger sur la Défense nationale. Jugement définitif, puisque l'étranger,
a-t-on dit, c'est la « postérité contemporaine ».

ANNEXE

Le 7 septembre 1870, Guillaume Ier écrivait de Reims
à la reine Augusta :

.. « La ligue des neutres, qui laissait déjà pressentir des
velléités de médiation de la paix, rentrera ses cornes
en présence des derniers événements. Ces velléités
donnent déjà à entendre qu'elles visent à l'intégrité
de la France. Comment cela est possible, on ne le
conçoit pas. Même de Saint-Pétersbourg il arrive de
semblables allusions : le démembrement du pays (Alsace
et Lorraine allemande) serait, dit-on, une nouvelle
« pomme de discorde » (1), comme si la rive gauche du
Rhin ne l'était pas déjà depuis cinquante-cinq ans, en
sorte que, pour avoir la tranquillité, nous devrions logi-
quement leur céder la rive gauche du Rhin. Au contraire, pour garantir définitivement l'Allemagne contre
l'envie persistante de la France d'envahir l'Allemagne,
il faut exiger la cession de ces pays, avant tout de
l'Alsace. C'est la voix unanime dans *toute* l'Allemagne,
et si les princes s'opposaient à ce sentiment, ils « ris-
queraient » leurs trônes ; car les sacrifices que fait *toute*
l'Allemagne en hommes et en argent réclament une
paix qui soit durable, ce qui n'est possible qu'en prenant
le pays qui a été *allemand* et l'est. »

(1) *Revue des Revues*, n° 6, p. 538, mars 1897.

FIN

ÉMILE COLIN — IMPRIMERIE DE LAGNY

www.ingramcontent.com/pod-product-compliance
Lightning Source LLC
LaVergne TN
LVHW020053090426
835510LV00040B/1688